O PANORAMA DAS ACELERADORAS DE STARTUPS NO BRASIL

Paulo R. M. Abreu
Newton M. Campos, PhD

Título:
O PANORAMA DAS ACELERADORAS DE STARTUPS NO BRASIL

Autores:
Paulo R. M. Abreu, Newton M. Campos, PhD.

Editora:
CreateSpace Independent Publishing Plataform. USA.

Data de publicação:
Julho/2016.

ISBN-13: 978-1533455567
ISBN-10: 1533455562

Esta obra está licenciada com uma Licença:
Creative Commons Atribuição - Compartilha Igual 4.0 Internacional.

Projeto e diagramação:

Soluções criativas para negócios complexos

www.monzoli.com.br

O PANORAMA DAS ACELERADORAS DE STARTUPS NO BRASIL

Esta pesquisa foi conduzida pelo **GVcepe** Centro de Estudos em Private Equity e Venture Capital em parceria com o **GVcenn** Centro de Empreendedorismo e Novos Negócios da FGV/EAESP. Opiniões expressas neste trabalho são de responsabilidade de seus autores e não necessariamente refletem as opiniões da FGV/EAESP ou de seus apoiadores.

INICIATIVA

APOIO

1. PREFÁCIO
O PANORAMA DAS ACELERADORAS DE STARTUPS NO BRASIL

O empreendedorismo é um fenômeno socioeconômico global que está em crescente evidência em nossas vidas. Governos, universidades, empresas e indivíduos estão ávidos por compreender melhor este fenômeno, observando com atenção todo tipo de informação qualificada e independente que surja a seu respeito.

Os empreendedores encontram-se no foco deste fenômeno, motivados não apenas pelo sonho de construir algo próprio, mas principalmente pelo número crescente de oportunidades que as tecnologias e a globalização dos valores de mercado lhes apresenta neste começo de século.

O elo preciso que conecta este número crescente de oportunidades à enorme capacidade de execução dos empreendedores é a inovação, que transforma realidades, expandindo nossa percepção sobre o mundo que nos rodeia.

São estas transformações, cada vez mais necessárias, num mundo repleto de problemas e limitado em recursos, que exigem empreendedores responsáveis, preparados para lidar com os desafios técnicos, sociais e éticos que surgem nos novos empreendimentos.

É sob este contexto que as aceleradoras de Startups, no papel de verdadeiros centros de empreendedorismo, têm se destacado na criação e na formação de uma nova geração de empreendedores no Brasil. Uma geração que pode colaborar enormemente para a construção de um Brasil mais justo e mais feliz.

> "O ELO PRECISO QUE CONECTA ESTE NÚMERO CRESCENTE DE OPORTUNIDADES À ENORME CAPACIDADE DE EXECUÇÃO DOS EMPREENDEDORES É A INOVAÇÃO"

2. ÍNDICE

1	Prefácio	7
2	Índice	9
3	Sumário Executivo	11
4	Introdução	13
5	Objetivo e metodologia de pesquisa	15
	5.1 Objetivo do estudo	15
	5.2 Etapas do estudo	15
	5.3 Fonte de dados	15
	5.4 Técnica de coleta de dados	16
	5.5 Técnica de análise de dados	17
6	Referencial Bibliográfico	19
	6.1 Aceleradoras	19
	6.2 Conceitos e Ferramentas	22
7	Panorama geral do estudo	25
	7.1 Quantidade de Aceleradoras	25
	7.2 Local de fundação	26
	7.3 Local de atuação	27
	7.4 Mercado de atuação	28
	7.5 Quantidade total de Startups aceleradas	29
	7.6 Duração do processo de aceleração	30
	7.7 Quantidade anual de ciclos de aceleração	31
	7.8 Quantidade de Startups selecionadas por ciclo de aceleração	31
	7.9 Valor de investimento (R$)	32
	7.10 Participação mínima requerida (%)	32
	7.11 Estágios da Startup aceitos no processo de seleção	33
	7.12 Principais fatores para uma Startup não ser selecionada	34
	7.13 Conceitos e ferramentas mais utilizadas na seleção	35
	7.14 Partes mais relevantes do Plano de Negócio para a seleção de Startup	36
	7.15 Partes mais relevantes do Business Model Canvas para a seleção de Startup	37
	7.16 Freqüência e obrigação que requer o envio do Plano de Negócio ou Business Model Canvas	39
8	Implicações e Limitações	41
	8.1 Implicações Acadêmicas	41
	8.2 Implicações Gerenciais	41
	8.3 Limitações do Estudo	41
	8.4 Pesquisas Futuras	41
9	Referências	43

3. SUMÁRIO **EXECUTIVO**

1. O Brasil possui um mercado estabelecido de aceleradoras de Startups.

2. O Brasil abriga cerca de 40 aceleradoras de Startups em atividade.

3. O mercado brasileiro de aceleradoras está concentrado no Estado de São Paulo.

4. Até Janeiro de 2016, foram aceleradas aproximadamente 1.100 startups no Brasil.

5. Na média, são aceleradas 7 startups por ciclo, em 2 ciclos de aceleração por ano.

6. O valor do investimento das aceleradoras varia na média de R$ 45 mil a R$ 255 mil por Startup, totalizando aproximadamente R$ 51 milhões investidos nas Startups.

7. Nenhuma aceleradora brasileira exige o Plano de Negócio durante sua seleção.

8. Cerca de 26% das aceleradoras brasileiras exigem o Business Model Canvas durante sua seleção.

9. Para a maioria das aceleradoras, os pilares mais relevantes do Business Model Canvas são: Proposta de Valor, Segmentos de Clientes e Fontes de Receitas.

10. A maioria das aceleradoras brasileiras desenvolveu uma metodologia própria de seleção de Startups ou empreendedores.

4. INTRODUÇÃO

Estamos passando por uma exposição sem precedentes do empreendedorismo no mundo. Ao longo do século passado, desenvolvemos um conjunto grande de técnicas para administrar grandes organizações, mas ainda não dominamos as melhores práticas para o desenvolvimento de empresas nascentes (Ries, 2012). O aumento na velocidade da inovação que vimos observando no mundo interfere na relação entre pessoas e produtividade, ampliando a gama de oportunidades que emergem em decorrência do surgimento de novos mercados e novas tecnologias (Dornelas, 2010).

Contudo, é importante reconhecer que, embora a inovação tenha potencial de causar grande impacto em nossas vidas, ela não oferece garantias de um mundo melhor e mais desenvolvido (Rodriguez, 2015). O empreendedor vive, assim, desafiando-se constantemente para construir novos empreendimentos ou renovar empreendimentos já existentes que gerem impacto positivo na sociedade (Cecconello, 2008). É dentro deste processo que podemos definir a Startup como uma empresa criada com o objetivo de gerar grande impacto social ou econômico através de um processo inovador intenso, independente de seu tamanho ou desempenho de mercado (Rodriguez, 2015).

Mais recentemente, observamos o surgimento e propagação das aceleradoras de Startups em muitos países do mundo, trazendo um novo tipo de organização para a economia. As aceleradoras de Startups procuram atrair e selecionar Startups com alto potencial de impacto para, ao longo de um programa de apoio bem estruturado, ajudá-las em sua busca incansável por criar valor e ganhar escala, enriquecendo uma economia anteriormente marcada pela presença das incubadoras de empresas, mais circunspectas em suas atividades de apoio (Campos, 2015). A partir daí nasce a necessidade de compreendermos melhor a presença das aceleradoras de Startups na economia brasileira, mensurando o impacto de sua atividade e as formas pelas quais elas atuam, definindo os objetivos primordiais deste estudo.

De forma complementar e inédita, este estudo analisa também o papel da ferramenta mais tradicional de planejamento empreendedor - o Plano de Negócio - frente a ferramentas e conceitos explorados mais recentemente no campo do empreendedorismo, tais como Design Thinking, Effectuation, Business Model Canvas ou Lean Startup, nos processos de análise e seleção dos projetos candidatos a aceleração no Brasil. Esta análise é justificada pela noção cada vez mais estudada de que não basta inovar apenas no início ou de uma só vez ao longo do processo empreendedor, mas sim constantemente e de formas muitas vezes improvisadas (Campos, 2015).

Assim, é também sob este debate entre planejamento e controle versus execução e improvisação no processo empreendedor que o presente estudo investiga o papel de conceitos e ferramentas tradicionais e mais recentes na seleção de novos negócios inovadores com potencial de impacto socioeconômico.

5. OBJETIVO E METODOLOGIA DE PESQUISA

5.1 OBJETIVO DO ESTUDO

Este estudo tem como objetivo analisar o papel das aceleradoras de Startups no início deste século no Brasil. Entre seus objetivos inclui-se informações sobre o mercado, identificação de seu nível de contribuição para o ecossistema empreendedor brasileiro, verificação das principais características do processo de aceleração, comparação entre conceitos ou ferramentas utilizadas no processo de seleção de Startups e oferecimento de informações que auxiliem no desenvolvimento de novos negócios.

De forma a atender os objetivos do estudo, foi realizada uma pesquisa documental, seguida de uma pesquisa quantitativa, esta última baseada na aplicação de um questionário online respondido pelas principais aceleradoras do ecossistema empreendedor brasileiro.

5.2 ETAPAS DO ESTUDO

O estudo foi estruturado em 4 etapas de desenvolvimento:

▶ **ETAPA 1:** Definição do modelo conceitual e metodológico com vistas a identificar os principais conceitos teóricos e bibliográficos acerca do tema, o objetivo do estudo e a identificação do caminho metodológico. Esta primeira etapa permitiu definir os parâmetros necessários para prosseguimento com as etapas seguintes;

▶ **ETAPA 2:** Seleção das fontes de dados, com realização de pesquisa documental e bibliográfica, desenvolvimento de questionário e a realização da pesquisa quantitativa exploratória juntamente às fontes selecionadas;

▶ **ETAPA 3:** Consolidação das informações coletadas durante a realização da pesquisa e também a análise dos resultados obtidos;

▶ **ETAPA 4:** por fim, a última etapa dedicou-se a elaboração das conclusões da pesquisa, implicações acadêmicas, gerenciais e de pesquisas futuras;

5.3 FONTE DE DADOS

Para identificação da população a ser entrevistada, realizou-se uma pesquisa documental exploratória com o objetivo de realizar o levantamento da lista de aceleradoras presentes no ecossistema empreendedor brasileiro.

5. OBJETIVO E METODOLOGIA DE PESQUISA

A pesquisa ocorreu no período de Outubro de 2015 a Janeiro de 2016, através de um questionário disponível online para preenchimento por parte dos gestores das Aceleradoras. As respostas foram armazenadas com a devida autorização dos participantes e teve um tempo médio de preenchimento de aproximadamente 10 minutos.

5.4 TÉCNICA DE COLETA DE DADOS

A coleta dos dados deste estudo foi desenvolvida através de pesquisa documental e da aplicação de um questionário (pesquisa quantitativa). A seguir serão detalhadas cada uma das técnicas utilizadas.

5.4.1 PESQUISA DOCUMENTAL

Foi realizada uma ampla coleta e análise de documentos pertinentes ao objetivo deste estudo, tais como: sites das fontes entrevistadas, reportagens da mídia e sites de associações relacionadas às unidades de análise, além de programas governamentais de apoio e fomento ao empreendedorismo.

Esta pesquisa documental foi utilizada principalmente para o levantamento do conjunto de aceleradoras presentes no ecossistema empreendedor brasileiro, com o objetivo de encontrar as seguintes informações: nome da aceleradora, área de contato ou pessoa responsável, além de endereços e dados de contato.

5.4.2 PESQUISA QUANTITATIVA

A coleta dos dados deste estudo foi desenvolvida através de um questionário online. A técnica de questionário representa um meio eficaz de se coletar informações e de testar possíveis hipóteses levantadas. Tal instrumento garante maior uniformidade dos dados coletados, precisão, eficácia e padronização dos resultados.

O questionário desenvolvido foi composto por 29 perguntas. Para facilitar o preenchimento do questionário as perguntas foram divididas em 5 partes, a saber:

▶ **PARTE 1:** Informações de contato: informações de contato da aceleradora participante;

▶ **PARTE 2:** Atuação e investimento: informações sobre a área de atuação, valor de investimento, participação

5. OBJETIVO E METODOLOGIA DE PESQUISA

acionária, duração do processo de aceleração e a quantidade total de Startups aceleradas;

▶ **PARTE 3:** Processo de seleção: informações sobre os conceitos ou ferramentas utilizadas no processo de seleção, a frequência e obrigação do envio do Plano de Negócio e do Business Model Canvas, a ordem de relevância entre as partes do Plano de Negócio e do Business Model Canvas, os principais fatores para uma Startup não ser selecionada, entre outros.

▶ **PARTE 4:** Parcerias e Benefícios: informações sobre as parcerias e benefícios oferecidos pela aceleradora;

▶ **PARTE 5:** Política de privacidade: confirmação para os termos da política de privacidade.

Adicionalmente, foram incluídas duas telas ao questionário: (i) Boas vindas e instruções: contendo explicações sobre a pesquisa, objetivo e orientação de preenchimento e; (ii) Confirmação e agradecimentos: contendo a confirmação do preenchimento da pesquisa e agradecendo o entrevistado por contribuir com o desenvolvimento de material acadêmico a respeito do assunto.

5.5 TÉCNICA DE ANÁLISE DE DADOS

O processo de análise consistiu, primeiramente, no levantamento documental e na organização dos dados de modo a permitir o controle de envio e preenchimento do questionário.

Pelo fato de ter se utilizado um método de pesquisa quantitativa, o processo de análise dos dados se deu reunindo as informações, consolidando-as e buscando elementos que tornassem quantificáveis os números obtidos através da coleta de dados.

6. REFERENCIAL **BIBLIOGRÁFICO**

6.1 ACELERADORAS

O ecossistema empreendedor é composto por um conjunto de atores empresariais interligados, organizações empresariais (empresas, capital de risco, investidores anjos, bancos), instituições (universidades, órgãos do setor público, organismos financeiros) e processos empresariais que se juntam para se conectar, mediar e gerir o desempenho dentro do ambiente empresarial local (Mason, 2014).

Dentro deste contexto, as aceleradoras ajudam os empreendedores a definir e construir os seus produtos iniciais, identificar segmentos de clientes, e obter recursos incluindo capital e funcionários. Basicamente, elas desenvolvem programas de aceleração com duração limitada, geralmente com três meses, e ajudam as Startups com o processo do novo empreendimento, fornecendo uma pequena quantidade de capital, espaço de trabalho, oportunidades de networking e mentoria com empresários, advogados, pessoal técnico, investidores anjo, capital de risco, ou mesmo executivos de empresas. Finalmente, a maioria dos programas termina com um grande evento, denominado "Demo day", onde é realizada a apresentação do empreendimento para um grande público de investidores (Cohen, 2013).

O ponto de equilíbrio de uma Startup ocorre quando a mesma consegue pagar suas contas com a receita do próprio negócio. Neste contexto, define-se aceleradoras como empresas, que tem como objetivo apoiar e investir no desenvolvimento e rápido crescimento de Startups, auxiliando-as na obtenção de recursos para este fim. Além dos serviços e benefícios que são oferecidos, as aceleradoras também investem um pequeno capital financeiro (survival money ou seed money), tornando-se sócias das Startups até o desinvestimento, quando então a sua participação correspondente é vendida para investidores ou outras empresas (Programa de Acaleração de Empresas – ABRAII).

Segundo Pauwels (2014), a atividade de aceleração pode ser considerada um fenômeno extremamente recente no mundo. A primeira aceleradora, chamada "Y Combinator", foi criada em 2005, em Cambridge, Massachusetts, e tem sido desde então uma fonte de inspiração para as outras aceleradoras ao redor do mundo. O modelo utilizado baseava-se no conceito de investimento cedo nos projetos, aportando um pequeno valor financeiro e oferecendo um programa para ajudar as empresas a atingirem seus objetivos de maneira mais rápida. Somado a isso, mentores e investidores apoiavam os empreendedores

6. REFERENCIAL BIBLIOGRÁFICO

com a sua experiência e capital. O Brasil adotou o modelo rapidamente e, a partir de então, várias aceleradoras foram criadas, oferecendo opções para aceleração em diferentes estilos, formatos e teses de investimento (Programa de Aceleração de Empresas – ABRAII).

Atualmente, segundo apontam dados extraídos do Seed-DB, uma plataforma que analisa aceleradoras e suas empresas em todo o mundo, existem cerca de 230 aceleradoras no mundo, dentro de seus próprios critérios, que têm apoiado mais de 5.600 novos empreendimentos (Seed-DB, 2016). Campos (2015), estima que houvesse cerca de 250 aceleradoras em operação no mundo ao final de 2013, com diversos programas sendo preparados para entrar em operação a partir de então. Nenhuma destas fontes considerou a recente proliferação das aceleradoras corporativas, embora às vezes tivesse considerado aquelas de capital misto (investidor e corporação).

As aceleradoras desempenham um papel bastante importante no estímulo ao empreendedorismo. Embora o fenômeno da aceleração seja novo, trazendo consigo diversas incertezas sobre o futuro sucesso das aceleradoras, é inegável que a lógica econômica que justifica sua existência seja convincente (Pauwels, 2014). Pauwels (2014) afirma ainda que, pesquisas apontam também para a aceleradora como um novo modelo de geração de incubação, tornando-se um termo genérico para qualquer programa fornecendo uma estrutura de orientação, oportunidades de networking e acesso de serviço ao financiamento para o reforço de negócios Startups.

Por sua vez, Ratinho (2011), defende que as incubadoras de negócios são organizações que aceleram e sistematizam o processo de criação de empresas de sucesso, fornecendo uma gama abrangente e integrada de suporte, incluindo: espaço, serviços de suporte às empresas, clustering e oportunidade de network.

Existem algumas características semelhantes ou atividades realizadas pelas aceleradoras que também são fornecidas pelas incubadoras ou investidores anjo. Esta semelhança se deve ao fato delas ajudarem a desenvolver novos empreendimentos. No entanto, as aceleradoras diferem em vários aspectos. Talvez a diferença mais fundamental seja a duração limitada dos programas de aceleração em comparação à natureza contínua dos programas oferecidos por incubadoras ou investidores anjo. Esta pequena diferença conduz a muitas outras

6. REFERENCIAL BIBLIOGRÁFICO

diferenças, como apresentado na tabela abaixo (Cohen, 2013):

ITEM	INCUBADORAS	INVESTIDORES ANJO	ACELERADORAS
DURAÇÃO DO PROGRAMA	1 a 5 anos	Contínuo	3 meses
PROGRAMA EM GRUPO	Não	Não	Sim
MODELO DE NEGÓCIO	Aluguel, sem fins lucrativos	Investimento	Investimento (pode também ser sem fins lucrativos)
SELEÇÃO	Não competitivo	Competitivo, contínuo	Competitivo, cíclico
ESTÁGIO	Inicial ou expansão	Inicial	Inicial
EDUCAÇÃO	Ad hoc, recurso humano, legal, etc.	Nenhum	Seminário
MENTORIA	Mínima, tática	Se necessário, por investidor	Intensa, por si ou outros
LOCAL	No local	Fora do local	No local

▶ TABELA 1 - As diferenças chave entre incubadoras, investidores e aceleradoras
Fonte: (Cohen, 2013)

6. REFERENCIAL BIBLIOGRÁFICO

Enquanto as incubadoras tendem a nutrir novos empreendimentos dentro de um ambiente para dar-lhes espaço para crescer, as aceleradoras otimizam as interações no mercado, com a finalidade de auxiliar os empreendimentos a se adaptarem rapidamente e aprender (Cohen, 2013).

Segundo Rodriguez (2015), geralmente as aceleradoras possuem 4 etapas distintas no processo de aceleração:

- **SELEÇÃO:** é o processo em que as empresas são aceitas em um programa. Os dois critérios do processo de seleção são: (I) aplicação e (II) avaliação.

- **ACELERAÇÃO:** é o processo em que é considerado o núcleo da experiência do acelerado, e seu valor agregado para os participantes, enfim, é a fase de aceleração.

- **DEMO DAY:** é o processo que, após o término de um período de aceleração, as empresas que foram "aceleradas" se apresentam para um grupo de investidores. Comparando-se aceleradoras com outros instrumentos de desenvolvimento de Startups, aqui vemos um diferenciador chave entre eles.

- **FOLLOW-UP:** Tradicionalmente, as etapas habituais de aceleração terminam com o "Demo day". No entanto, uma nova tendência é a integração vertical, em que as aceleradoras, após o término do programa de aceleração, cada vez mais oferecem aos seus participantes a possibilidade de optar por uma segunda rodada de financiamento e acelerção, através do seu próprio capital de risco.

6.2 CONCEITOS E FERRAMENTAS

Uma vez que as aceleradoras atuam na fronteira entre o desenvolvimento de inovação e o capital de risco, por frequentemente adquirirem participação nas Startups aceleradas, elas precisam avaliar diversos aspectos das Startups que se candidatam aos seus programas de aceleração, utilizando-se de diferentes conceitos, ferramentas e metodologias para tanto.

Diversos autores apontam que os empreendedores devem aprender como gerenciar seus negócios, transformando-os em uma organização rentável, com perspectiva de crescimento baseada em atividades direta ou indiretamente ligadas ao planejamento do negócio (Chiavenatto, 2012).

Como parte deste planejamento, o Plano de

6. REFERENCIAL BIBLIOGRÁFICO

Negócio se tornou uma ferramenta padrão no campo do empreendedorismo, representando uma agenda clara dos obstáculos que virão pela frente e oferecendo rotas alternativas para onde se pretende chegar. Idealmente, se inicia do ponto de partida em direção ao objetivo, a partir de conceitos básicos para um negócio bem sucedido (Abrams, 2003).

O Plano de Negócio, também conhecido como "Business Plan", possui várias definições quanto ao seu significado. De acordo com Baron (2011), "o plano é um documento formal escrito que explica a visão do empreendedor e a forma pela qual a idéia se tornará um negócio lucrável e viável". Chiavenato (2012) defende que, o plano de negócio é o documento que contém um conjunto de informações sobre o futuro empreendimento definindo assim suas características e condições mais relevantes .

Dornelas (2010) afirma ainda que, o plano de negócio é mais um processo dinâmico do que um fim em si, cujo objetivo primário é auxiliar o empreendedor a entender profundamente a oportunidade, testar a viabilidade da idéia e transformar as concepções originais em melhores oportunidades. No entanto, muitas vezes ele é utilizado dentro de um conceito distorcido, como forma apenas de se levantar capital.

Uma vez que o plano de negócio consiste em um processo dinâmico, mudanças, sejam elas externas, tratando-se de cenário econômico, de mercado, tecnológicas ou internas à empresa, devem estar refletidas no mesmo constantemente. (Deutscher, 2012).

Os planos de negócios são diferentes especificamente em seus conteúdos e pela forma com que são preparados por cada empreendedor. Entretanto, há um consenso, na bibliografia, de que eles sejam compostos por algumas seções básicas (Baron, 2011).

Baseada no levantamento bibliográfico, a presente pesquisa considerará o plano de negócio sendo composto pelas seguintes seções:

- Capa;
- Sumário executivo;
- Descrição geral da empresa;
- Plano de serviços e produtos;
- Análise da concorrência;
- Plano de marketing;
- Plano gerencial;
- Plano operacional;
- Plano financeiro;
- Plano jurídico;

Por sua vez, o Business Model Canvas figura

6. REFERENCIAL BIBLIOGRÁFICO

como uma ferramenta para o desenvolvimento ou documentação de modelos de negócios novos ou existentes (Campos, 2015), tornando-se uma linguagem comum capaz de apoiar a implementaçao de projetos empreendedores (Osterwalder et al., 2011).

O Business Model Canvas teve início em 2004, quando Alexander Osterwalder defende sua tese de doutorado analisando modelos de negócios. Com base neste estudo, ele publica um livro, cinco anos depois, chamado Business Model Generation, que apresenta uma proposta percebida por muitos como uma alternativa extremamente condensada e portanto mais prática, quando comparada ao demorado plano de negócio (Campos, 2015).

Segundo Ostewalder et.al (2011), um modelo de negócios descreve a lógica de criação, entrega e captura de valor por parte de uma organização. O desafio é que este conceito deve ser simples, relevante e intuitivamente compreensível, ao mesmo tempo em que não simplifique demais a complexidade do funcionamento de uma nova empresa. Em outras palavras, o modelo de negócio é um esquema para a estratégia ser implementada através das estruturas organizacionais dos processos e sistemas.

O Business Model Canvas é composto por nove componentes, que cobrem as quatro áreas principais de um negócio: clientes, oferta, infraestrutura e viabilidade financeira. Sendo essa composta pelos seguintes itens (Ostewalder et al., 2011):

- Segmentos de clientes;
- Proposta de valor;
- Canais;
- Relacionamento com os clientes;
- Fontes de receita;
- Recursos principais;
- Atividades chave;
- Parcerias principais;
- Estrutura de custo.

Após refletir sobre os prós e contras do uso do Plano de Negócio e do Business Model Canvas em diferentes situações, Nakagawa (2015) sugere que projetos mais inovadores e de menor necessidade de capital podem se apoiar com mais praticidade no Business Model Canvas, enquanto que projetos menos inovadores e com maior necessidade de capital podem continuar se apoiando no Plano de Negócio tradicional, dado que neste último caso as variáveis a serem controladas bem como os dados de mercado tendem a ser mais conhecidos ou mais facilmente obtíveis.

7. PANORAMA GERAL DO ESTUDO

7.1 QUANTIDADE DE ACELERADORAS

Entre 2005, quando surge a pioneira "Y Combinator" no Estados Unidos e 2016, o Brasil observou um crescimento acentuado na quantidade de aceleradoras em atividade. Isso demonstra como o ecossistema empreendedor tem sido ativo e rico em oportunidades, com desafios trazidos pelo aumento constante da concorrência.

No total, foram localizadas 45 aceleradoras brasileiras, das quais 31 participaram da pesquisa, 4 não participaram, 6 não foram localizadas e 4 encerraram as atividades, o que equivale respectivamente a 69% participantes, 9% não participantes, 13% não localizadas e 9% encerraram as atividades, dentro do universo de aceleradoras identificadas no país.

A partir do próximo item (Local de fundação), os dados apresentados levarão em conta a amostra estudada, de 31 aceleradoras que responderam a pesquisa.

QTDE DE ACELERADORAS IDENTIFICADAS

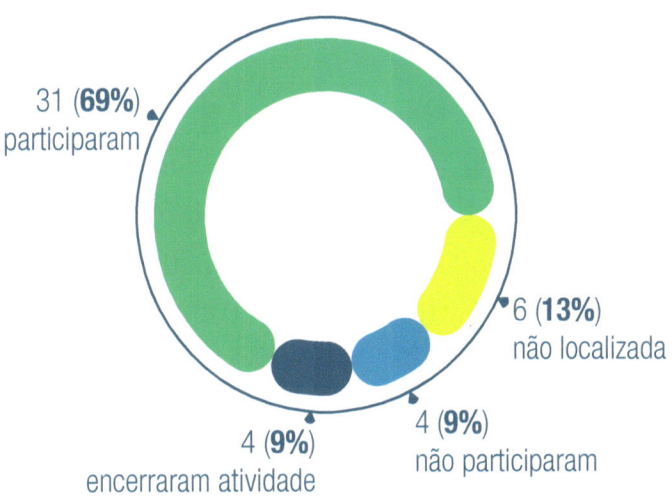

- 31 (**69%**) participaram
- 6 (**13%**) não localizada
- 4 (**9%**) não participaram
- 4 (**9%**) encerraram atividade

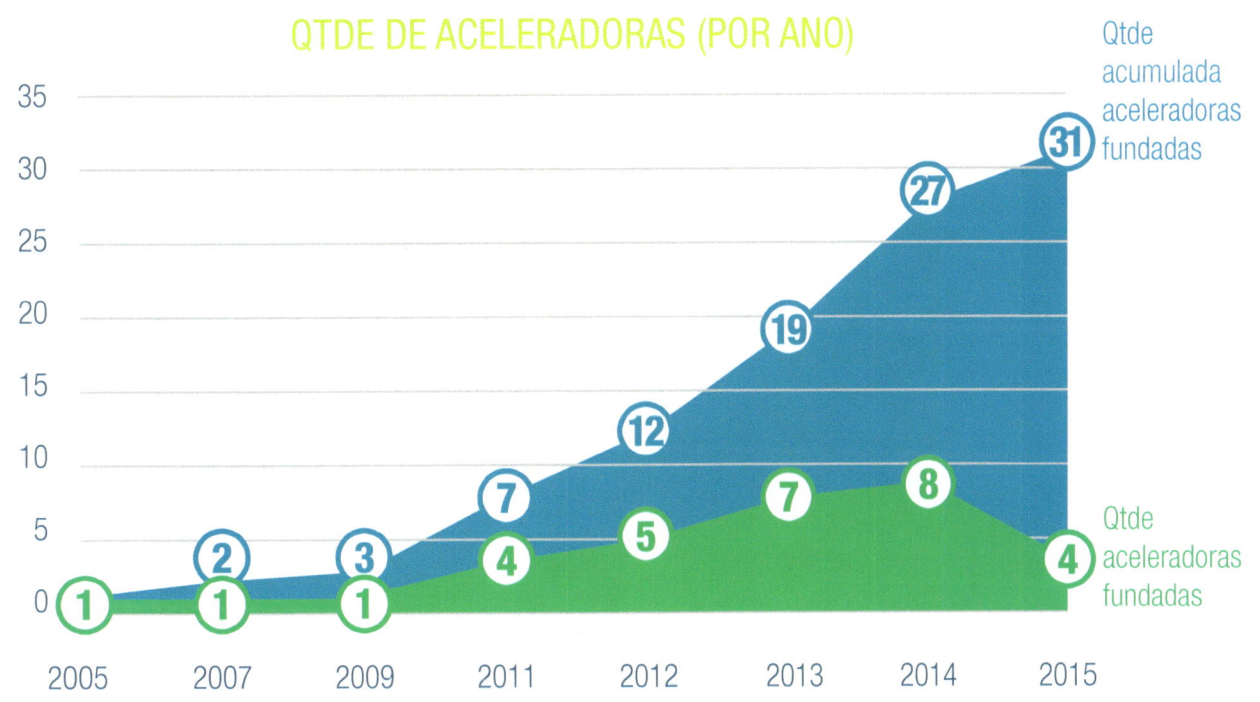

QTDE DE ACELERADORAS (POR ANO)

7. PANORAMA GERAL DO ESTUDO

IDADE DAS ACELERADORAS

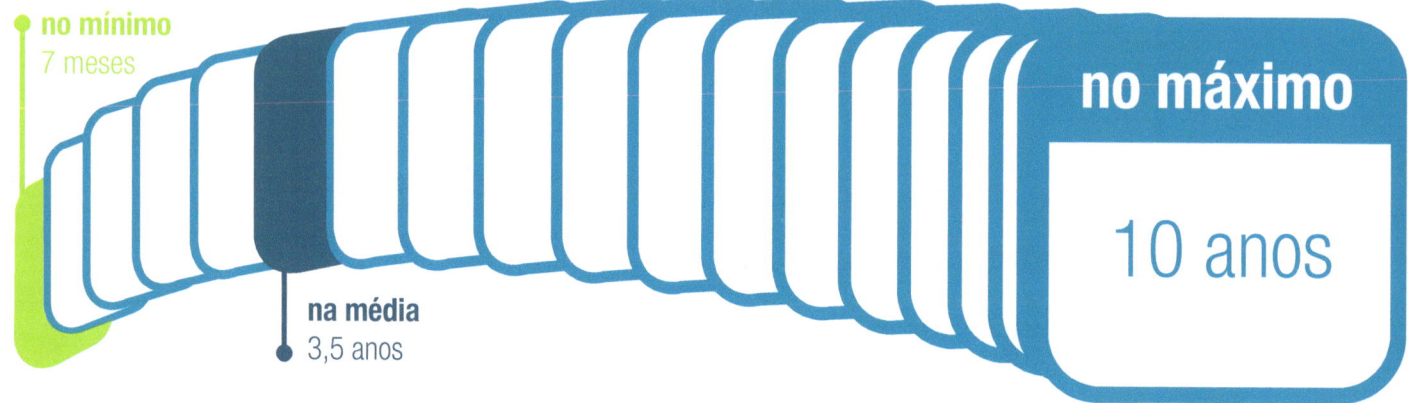

no mínimo 7 meses
na média 3,5 anos
no máximo 10 anos

7.2 LOCAL DE FUNDAÇÃO

A distribuição geográfica no Brasil do local de fundação das aceleradoras se apresenta, de forma predominante, na região Sudeste, com 22 (71%) da amostra de aceleradoras coletadas, seguida pela região Nordeste com 5 (16%), região Sul com 3 (10%), região Norte com 1 (3%) e a região Centro-Oeste que não possui.

Em destaque temos o estado de São Paulo com 16 (52%) aceleradoras, seguida por Minas Gerais com 3 (10%) aceleradoras e, Rio de Janeiro, Rio Grande do Sul, Pernambuco e Bahia com 2 (6%) aceleradoras respectivamente.

REGIÃO SEDE ACELERADORA

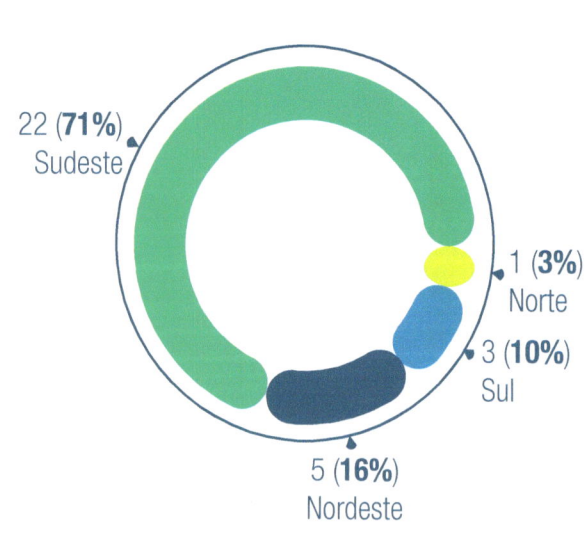

ESTADO SEDE DA ACELERADORA

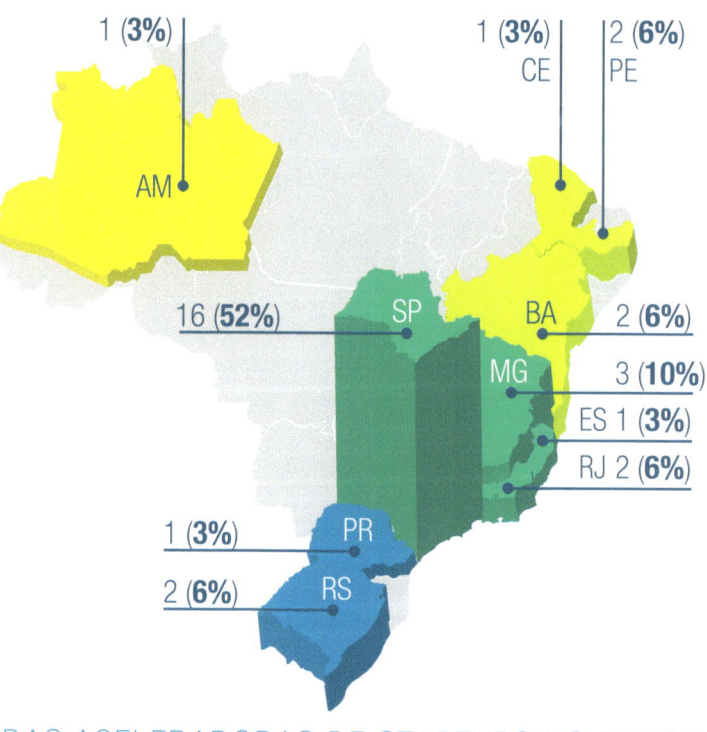

O PANORAMA DAS ACELERADORAS DE STARTUPS NO BRASIL

7. PANORAMA GERAL DO ESTUDO

7.3 LOCAL **DE ATUAÇÃO**

Apesar de haver uma predominância do local de fundação no estado de São Paulo (48,4%), é possível verificar que as aceleradoras possuem uma cobertura nacional, ou seja, atuam desenvolvendo negócios por todo o país. É possível verificar, ainda, que as aceleradoras também estão atuando de forma globalizada, com presença internacional em países, como Estados Unidos e Israel, entre outros.

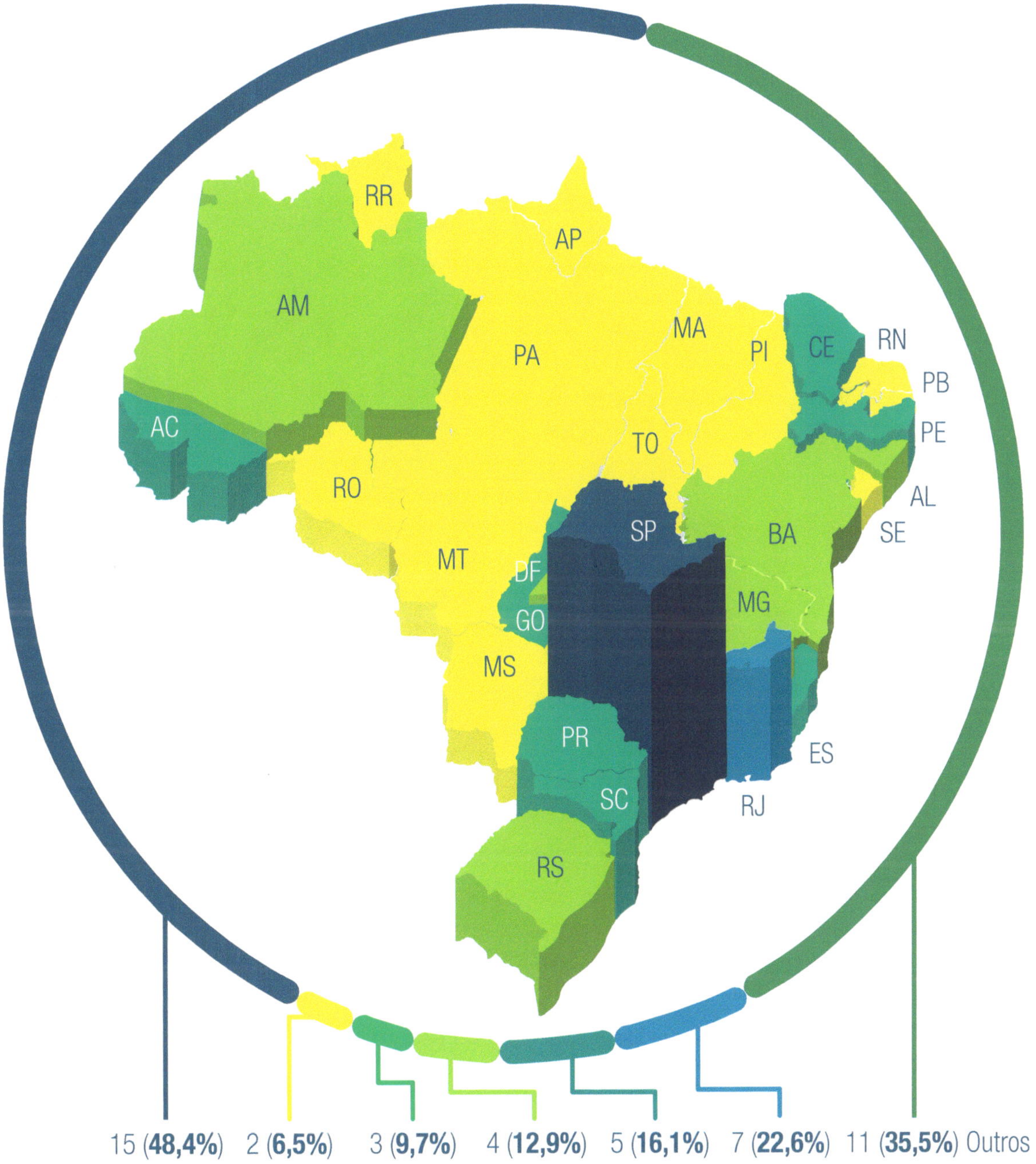

15 (**48,4%**) 2 (**6,5%**) 3 (**9,7%**) 4 (**12,9%**) 5 (**16,1%**) 7 (**22,6%**) 11 (**35,5%**) Outros

7. PANORAMA GERAL DO ESTUDO

7.4 MERCADO DE ATUAÇÃO

Como visto anteriormente, as aceleradoras atuam desenvolvendo negócios de alto impacto, com abrangência nacional e internacional, e nos mais diversos setores. Com destaque para a atuação em mercados como Tecnologia (TI), Educação e, Comércio e Serviços, com 83%, 77% e 67% respectivamente. Além destes, foram identificados outros setores, como por exemplo, economia criativa, saúde, meio ambiente, multimídia e inclusão social, entre outros.

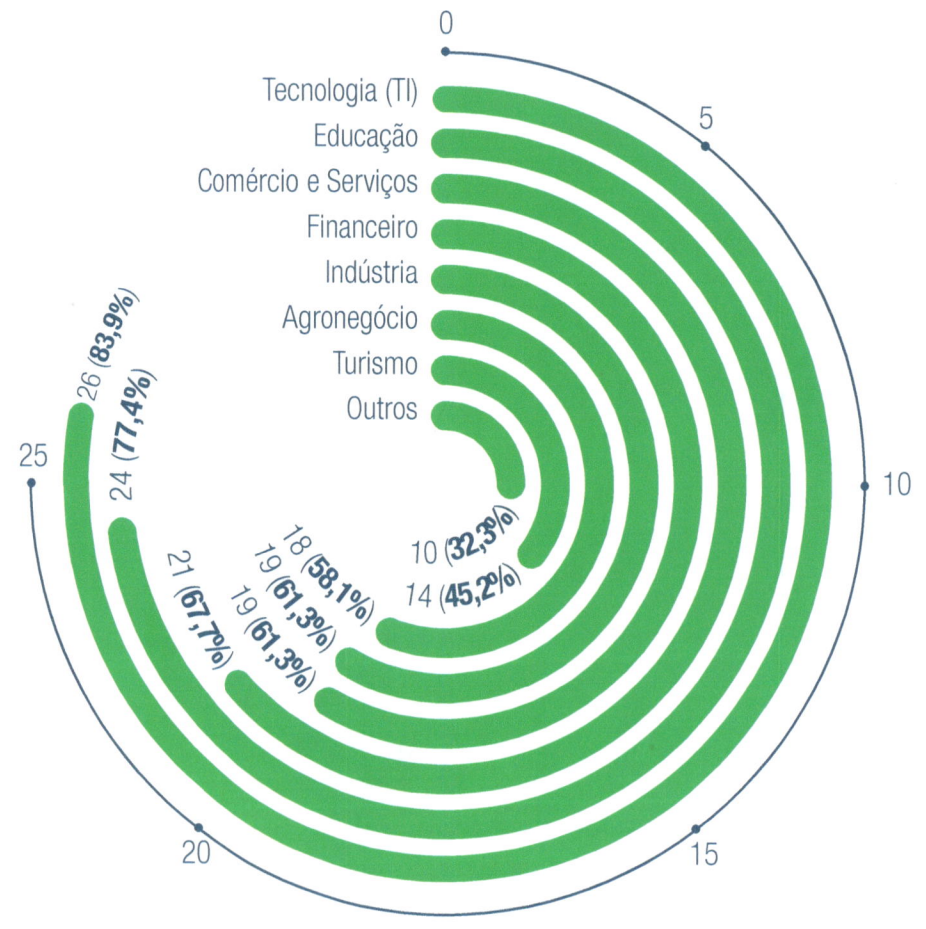

7. PANORAMA GERAL DO ESTUDO

7.5 QUANTIDADE TOTAL DE STARTUPS ACELERADAS

No Brasil, 865 Startups passaram por um processo de aceleração, dentro da amostra pesquisada, o que demonstra o trabalho ativo que as aceleradoras pesquisadas desempenham no ecossistema empreendedor. Cada aceleradora acelerou em média 28 Startups. Tendo em destaque, uma única aceleradora que já desenvolveu no total 191 Startups. Considerando que a amostra cobriu cerca de 75% do mercado brasileiro de aceleradoras, podemos deduzir que mais de 1.100 Startups já foram aceleradas no país.

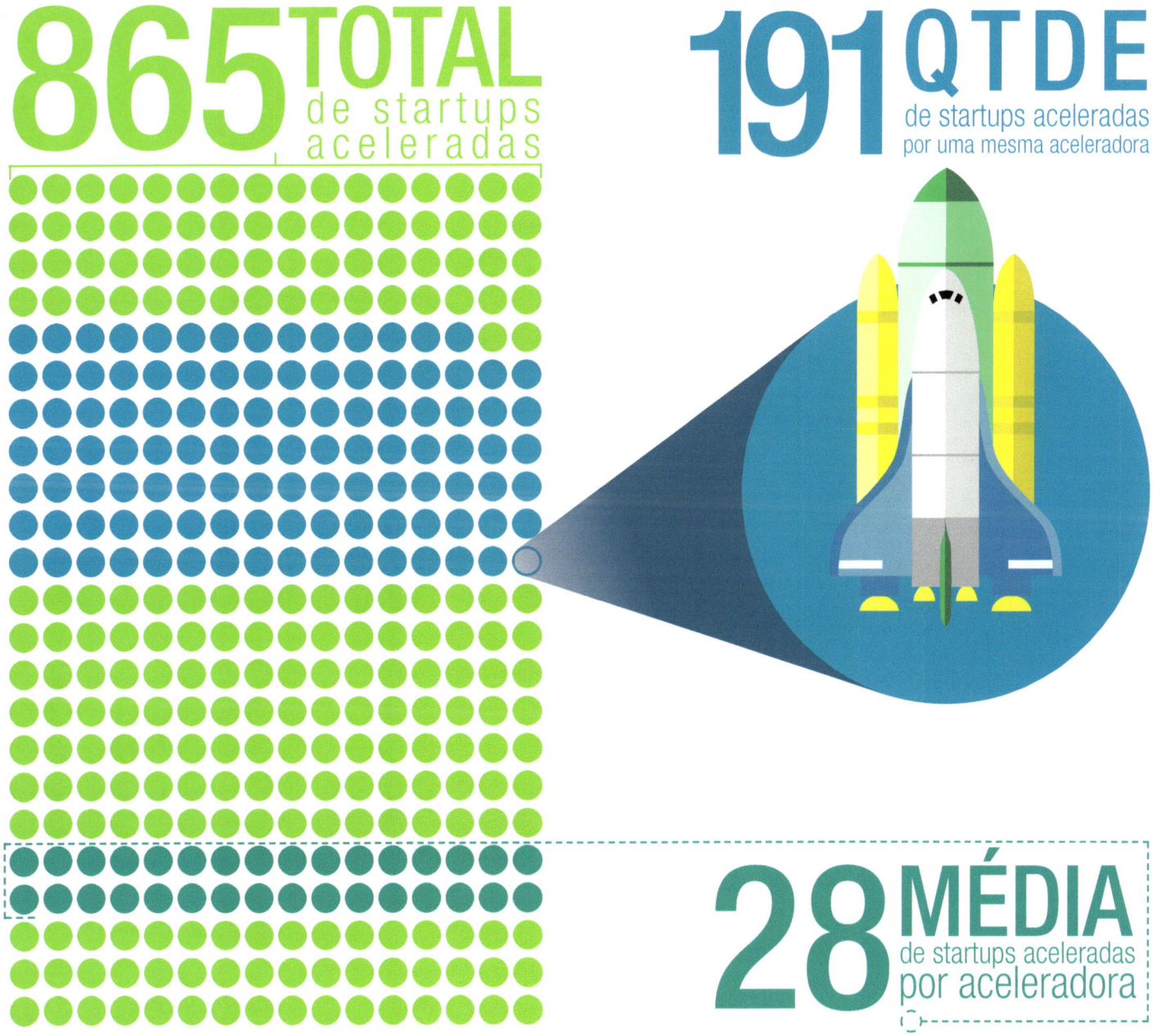

865 TOTAL de startups aceleradas

191 QTDE de startups aceleradas por uma mesma aceleradora

28 MÉDIA de startups aceleradas por aceleradora

7. PANORAMA GERAL DO ESTUDO

7.6 DURAÇÃO DO PROCESSO DE ACELERAÇÃO

O processo de aceleração como um todo dura em média 29 semanas, o que equivale a aproximadamente 6 meses de duração.

Existem também aceleradoras que oferecem ciclos com no mínimo 5 semanas, em torno de 1 mês. E na outra extremidade, aceleradoras que oferecem ciclos com no máximo 96 semanas, que equivale a 2 anos.

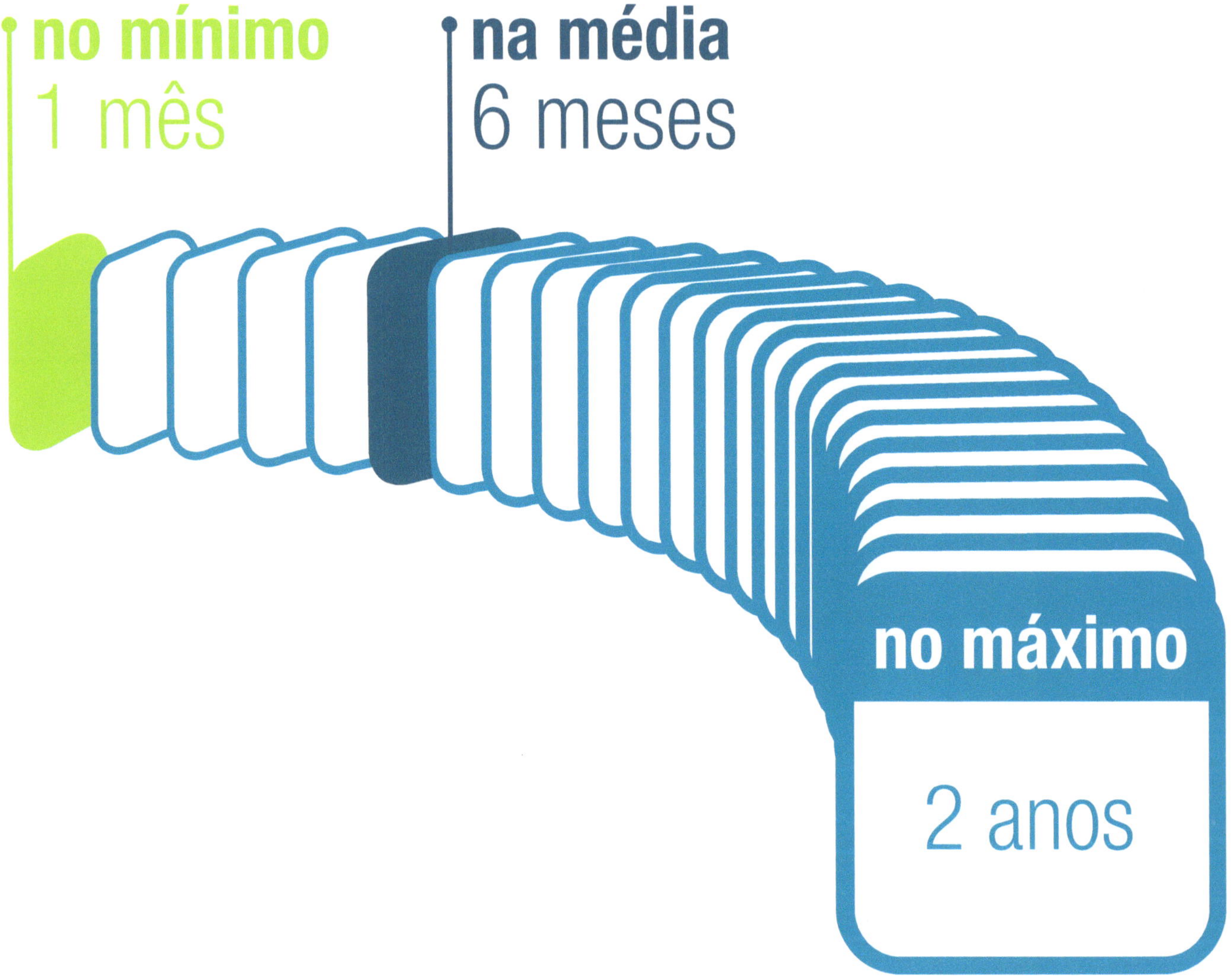

no mínimo 1 mês

na média 6 meses

no máximo 2 anos

7. PANORAMA GERAL DO ESTUDO

7.7 QUANTIDADE ANUAL DE CICLOS DE ACELERAÇÃO

A maioria das aceleradoras (74%) possui ciclos anuais de aceleração previamente definidos. O restante das aceleradoras (26%) possui ciclos constantes, ou seja, realizam um trabalho contínuo de aceleração, sem predefinir janelas de início de fim de cada ciclo. Para aquelas que possuem ciclos previamente definidos são realizados em média 2 ciclos de aceleração, com destaque para uma aceleradora que realiza 4 ciclos de aceleração no ano.

QTDE DE CICLOS ANUAIS DE ACELERAÇÃO

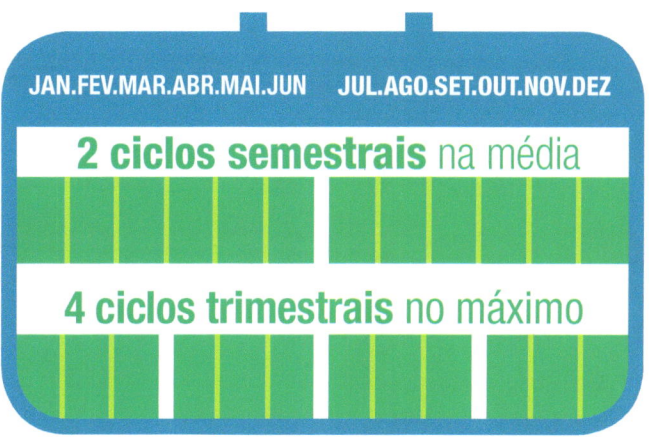

POSSUI CICLOS ANUAIS DE ACELERAÇÃO

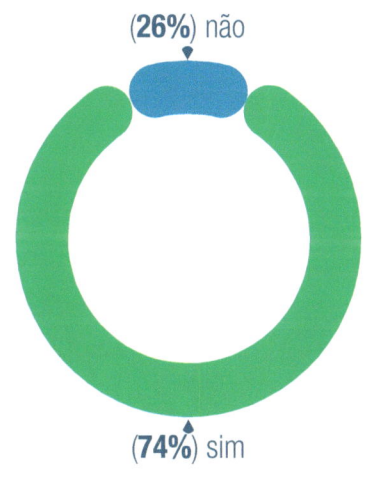

7.8 QUANTIDADE DE STARTUPS SELECIONADAS POR CICLO DE ACELERAÇÃO

Independentemente da aceleradora possuir ciclos previamente definidos, ou não, são selecionadas em média 7 Startups por ciclo de aceleração. Com destaque para uma aceleradora que seleciona até 30 Startups por ciclo.

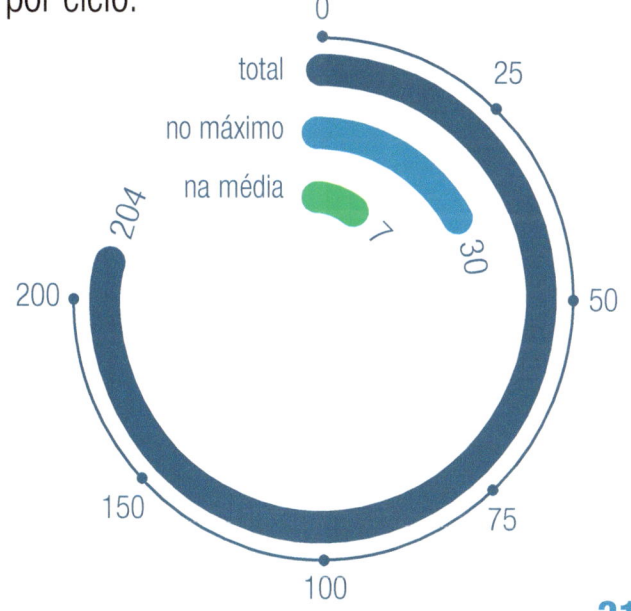

7. PANORAMA GERAL DO ESTUDO

7.9 VALOR DE INVESTIMENTO (R$)

O valor que cada aceleradora investe é variável e está intrinsecamente relacionado com o seu modelo de operação e aceleração de Startups. Em média as aceleradoras investem de R$ 45 mil a R$ 255 mil nas Startups. Tendo como destaque uma aceleradora que investe a quantia de até R$ 3 milhões. Por outro lado, existem aceleradoras que, dado o seu modelo de operação, não aportam um valor de investimento na Startup.

7.10 PARTICIPAÇÃO MÍNIMA REQUERIDA (%)

Em contrapartida, algumas aceleradoras exigem uma participação mínima na Startup. Que figura, na média, em torno de 8% do controle da Startup. Tendo nas extremidades, uma aceleradora que exige até 30% de participação na Startup e aceleradoras que não exigem nenhuma porcentagem de participação. Um ponto de destaque é que as aceleradoras que não aportam investimento nas Startups selecionadas, também não exigem uma participação acionária.

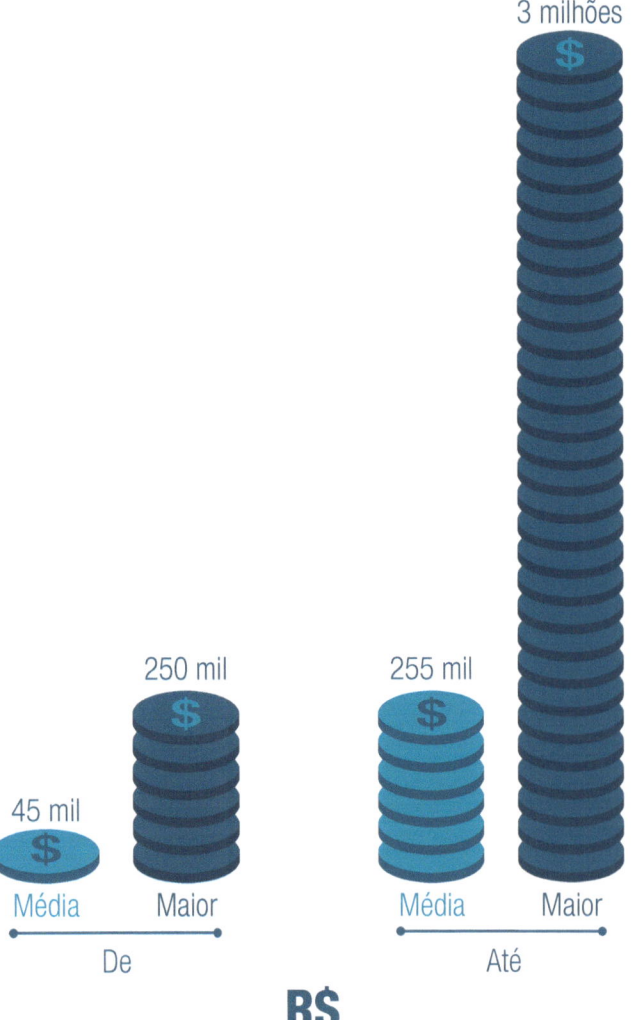

R$

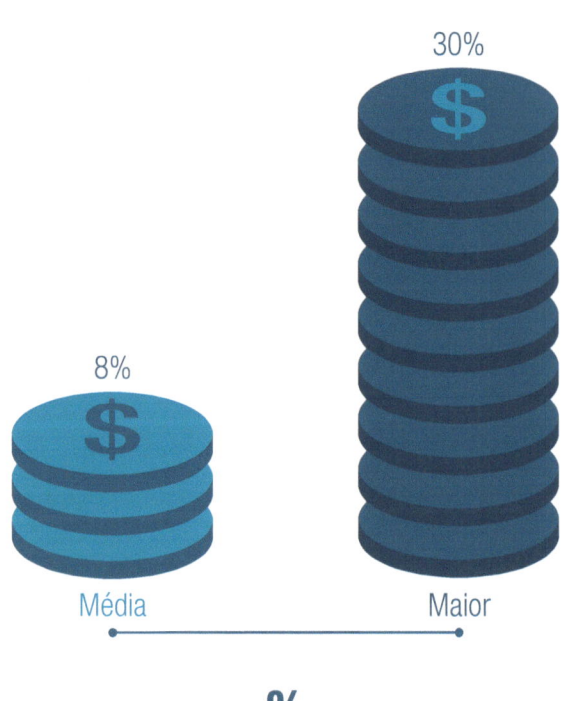

%

7. PANORAMA GERAL DO ESTUDO

7.11 ESTÁGIOS DA STARTUP ACEITOS NO PROCESSO DE SELEÇÃO

As aceleradoras buscam Startups que tenham um certo nível de maturidade do negócio ou de concepção da ideia, de modo a contribuir com o seu desenvolvimento. Dentro dos estágios mais aceitos pelas aceleradoras, verifica-se destaque para o estágio de comercialização da solução (20%), seguido pelos estágios de venda piloto (18%), produto em teste interno (17%), protótipo funcional (15%) e protótipo conceitual (14%). Estes dados evidenciam outra diferença observada entre os processos de incubação e de aceleração em outros países (Campos, 2015), pois no Brasil as aceleradoras também tendem a priorizar a seleção de projetos que já possuam ao menos um protótipo funcional.

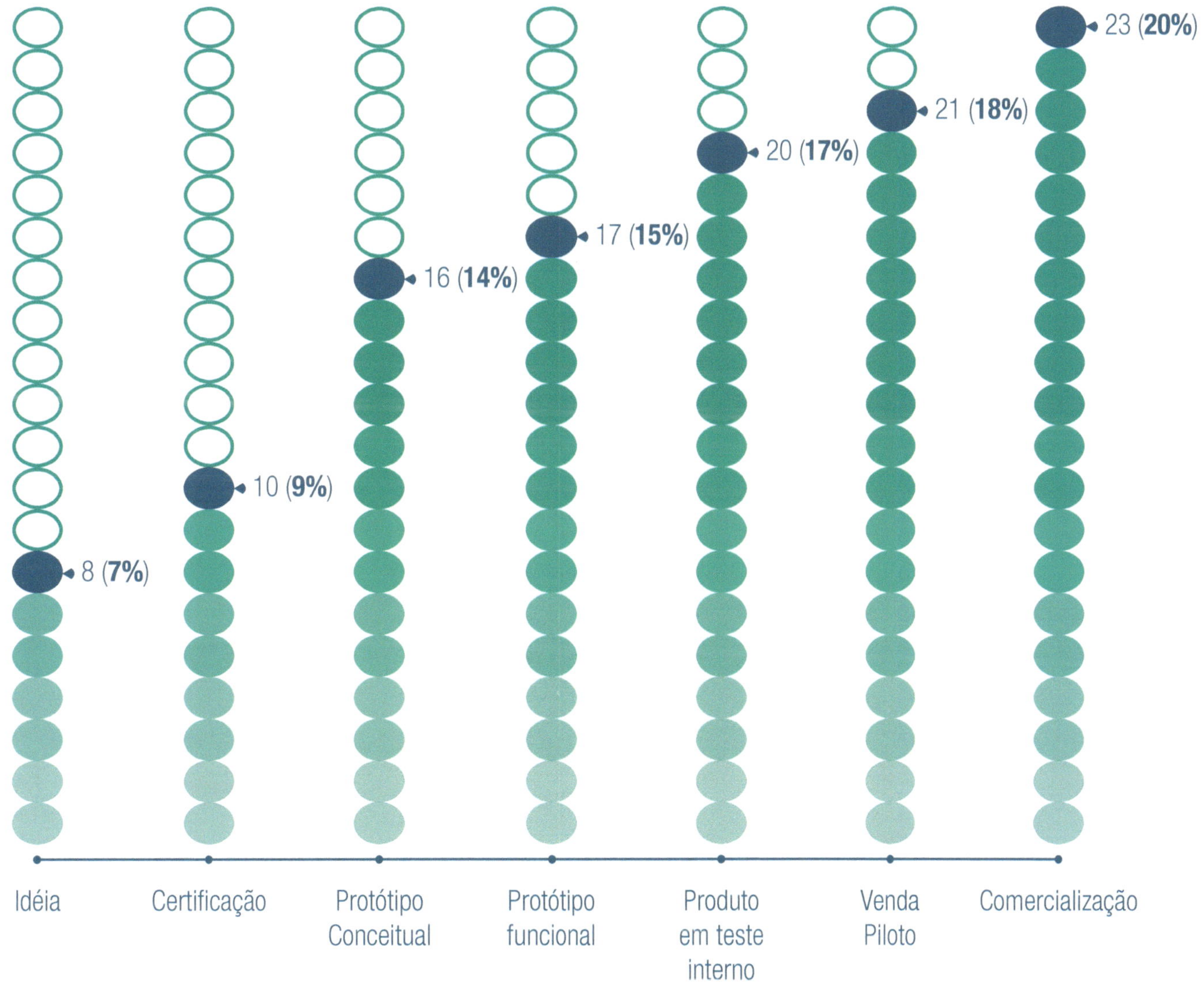

Idéia	Certificação	Protótipo Conceitual	Protótipo funcional	Produto em teste interno	Venda Piloto	Comercialização
8 (7%)	10 (9%)	16 (14%)	17 (15%)	20 (17%)	21 (18%)	23 (20%)

7. PANORAMA GERAL DO ESTUDO

7.12 PRINCIPAIS FATORES PARA UMA STARTUP NÃO SER SELECIONADA

Um dos principais fatores para uma Startup não ser selecionada no processo de seleção é estar com uma "Equipe inadequada" para o desenvolvimento do negócio (93,5%), seguida por "Demanda ineficaz" e "Falta de escalabilidade", ambos com respectivamente (51,6%). Também foram identificados outros fatores, como por exemplo, "Mercado pequeno" (6,5%), seguido de "Não resolve um problema relevante" e "Não ter nenhuma receita", ambos com 3,2% respectivamente.

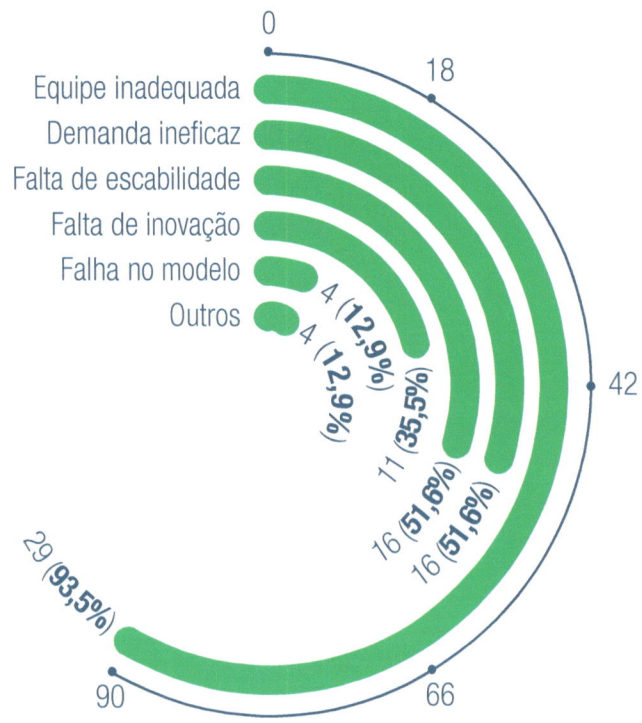

7. PANORAMA GERAL DO ESTUDO

7.13 CONCEITOS E FERRAMENTAS MAIS UTILIZADAS NA SELEÇÃO

O Plano de Negócio não é o conceito ou ferramenta mais utilizado na seleção das Startups para aceleração, sendo utilizado por apenas 29% da amostra pesquisada. O Business Model Canvas, por sua vez, encontra-se entre os conceitos ou ferramentas mais utilizados, juntamente com o Customer Development e Lean Startup, atingindo 67,7% da amostra. Pode-se observar também que 51,6% das aceleradoras utilizam conceitos ou ferramentas proprietárias, enquanto 38,7% utilizam outros conceitos ou ferramentas como, por exemplo, Value Proposition Canvas, SWOT, SCRUM, etc.

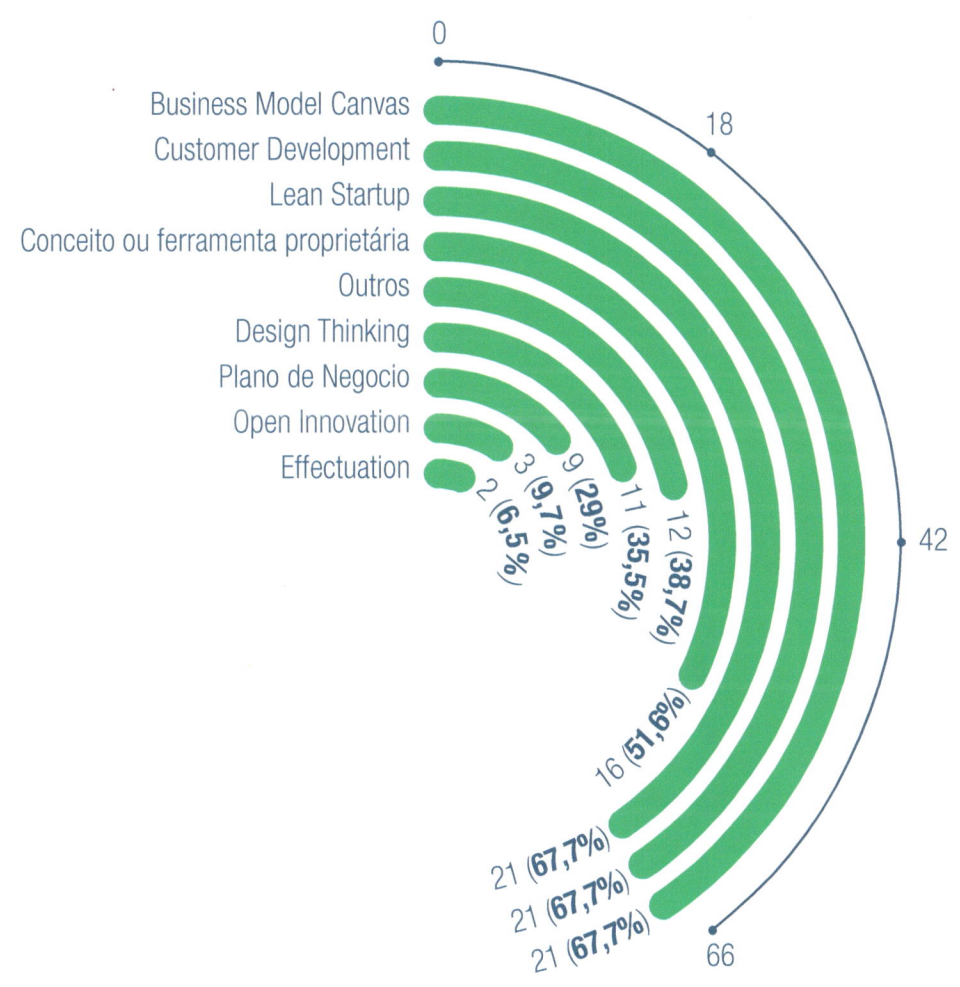

7. PANORAMA GERAL DO ESTUDO

7.14 PARTES MAIS RELEVANTES DO PLANO DE NEGÓCIO PARA A SELEÇÃO DE STARTUP

Analisando especificamente os níveis que indicam a percepção de relevância entre as partes do Plano de Negócio, para a equipe que faz a seleção de Startups na aceleradora, foi possível constatar que algumas seções (Sumário executivo, Descrição geral da empresa, Plano de serviços e produtos, Análise da concorrência, Plano de marketing e Plano financeiro) foram consideradas mais relevantes do que outras, pois somados os níveis de maior relevância (Freqüentemente e Sempre Relevante) foram atingidos valores superiores a 50% dentro da amostra obtida.

Um ponto de destaque é que, analisando as partes mais relevantes de um Plano de Negócio, existe uma similaridade na percepção de relevância entre as seções, ou seja, os números se mostraram uniformes, próximos uns dos outros, e não estabelecendo assim valores com grandes diferenças entre todos os níveis de relevância definidos na amostra (Nunca, Raramente, Às vezes, Freqüentemente e Sempre Relevante).

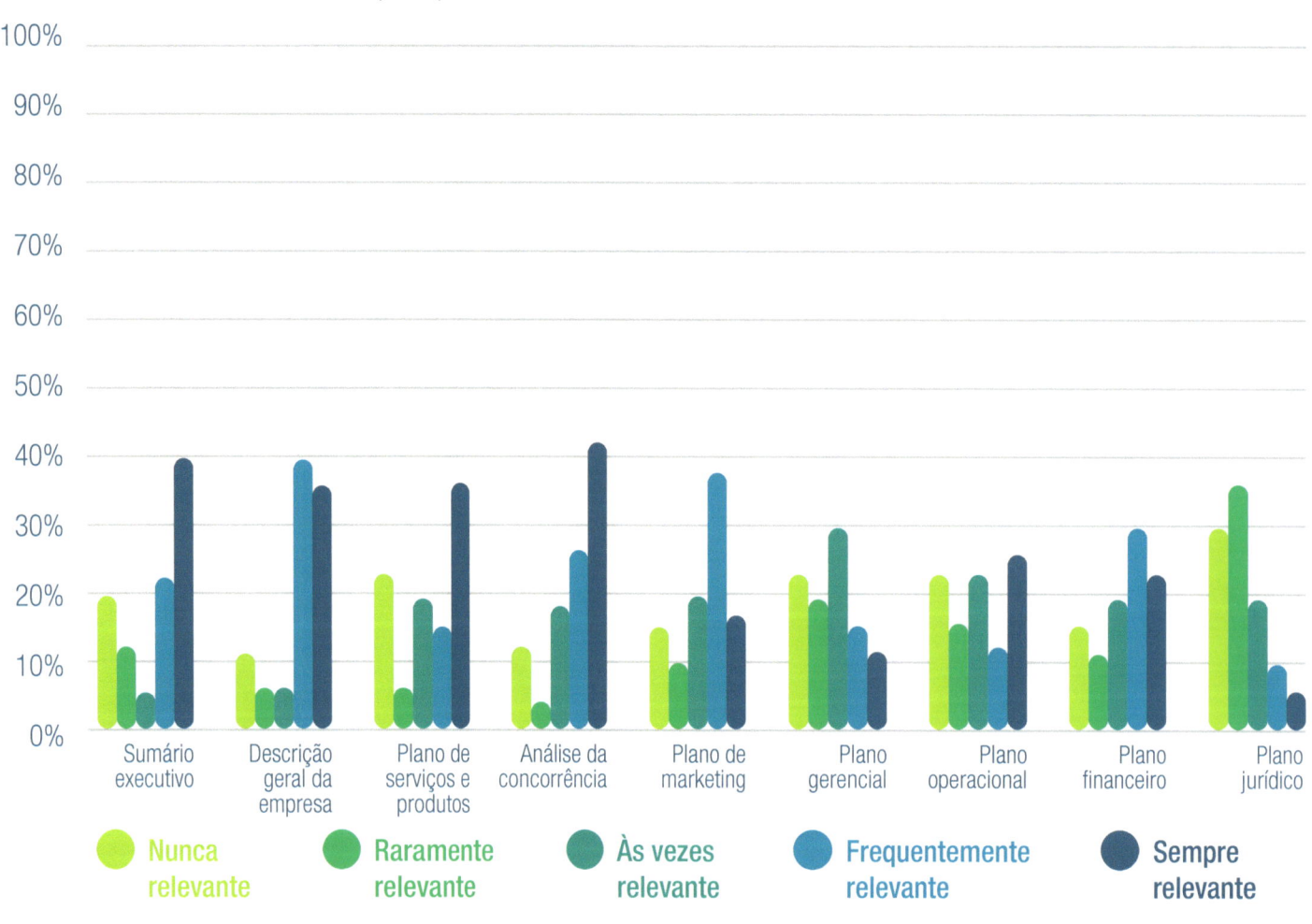

7. PANORAMA GERAL DO ESTUDO

7.15 PARTES MAIS RELEVANTES DO BUSINESS MODEL CANVAS PARA A SELEÇÃO DE STARTUP

Analisando especificamente os níveis que indicam a percepção de relevância entre os componentes do Business Model Canvas, para a equipe que faz a seleção de Startups na aceleradora, foi possível constatar que todos os componentes (Segmentos de clientes, Proposta de valor, Canais, Relacionamento com os clientes, Fontes de receita, Recursos principais, Atividades chave, Parcerias principais e Estrutura de custo) foram considerados relevantes, pois somados os valores para os níveis de maior relevância (Freqüentemente e Sempre Relevante) atingiu-se resultados superiores a 50% dentro da amostra obtida. Pode-se observar também que todos os componentes, com exceção de Relacionamento com clientes e Parcerias principais, atingiram os valores mais elevados para o nível de maior relevância (Sempre Relevante) comparado aos demais níveis.

Um ponto de destaque é que os componentes Segmentos de clientes, Proposta de valor, Fontes de receita obtiveram os valores mais elevados para o nível de maior relevância (Sempre Relevante) atingindo valores superiores a 60%. Com ênfase para a Proposta de valor que obteve 87,1% como Sempre Relevante.

Além disso, foi possível constatar que 6 dos 8 componentes do Business Model Canvas (Segmentos de clientes, Proposta de valor, Canais, Relacionamento com os clientes, Fontes de receita e Atividades chave) obtiveram valor igual a 0% nos níveis de menor relevância (Nunca, Raramente e Às vezes relevante), ou seja, sequer foram pontuados dentro da amostra obtida. Aqueles componentes (Recursos principais, Atividades chave, Parcerias principais e Estrutura de custo) que foram pontuados no nível de menor relevância (Nunca relevante) obtiveram 3,2%, ou seja, os menores valores dentro da amostra obtida.

7. PANORAMA GERAL DO ESTUDO

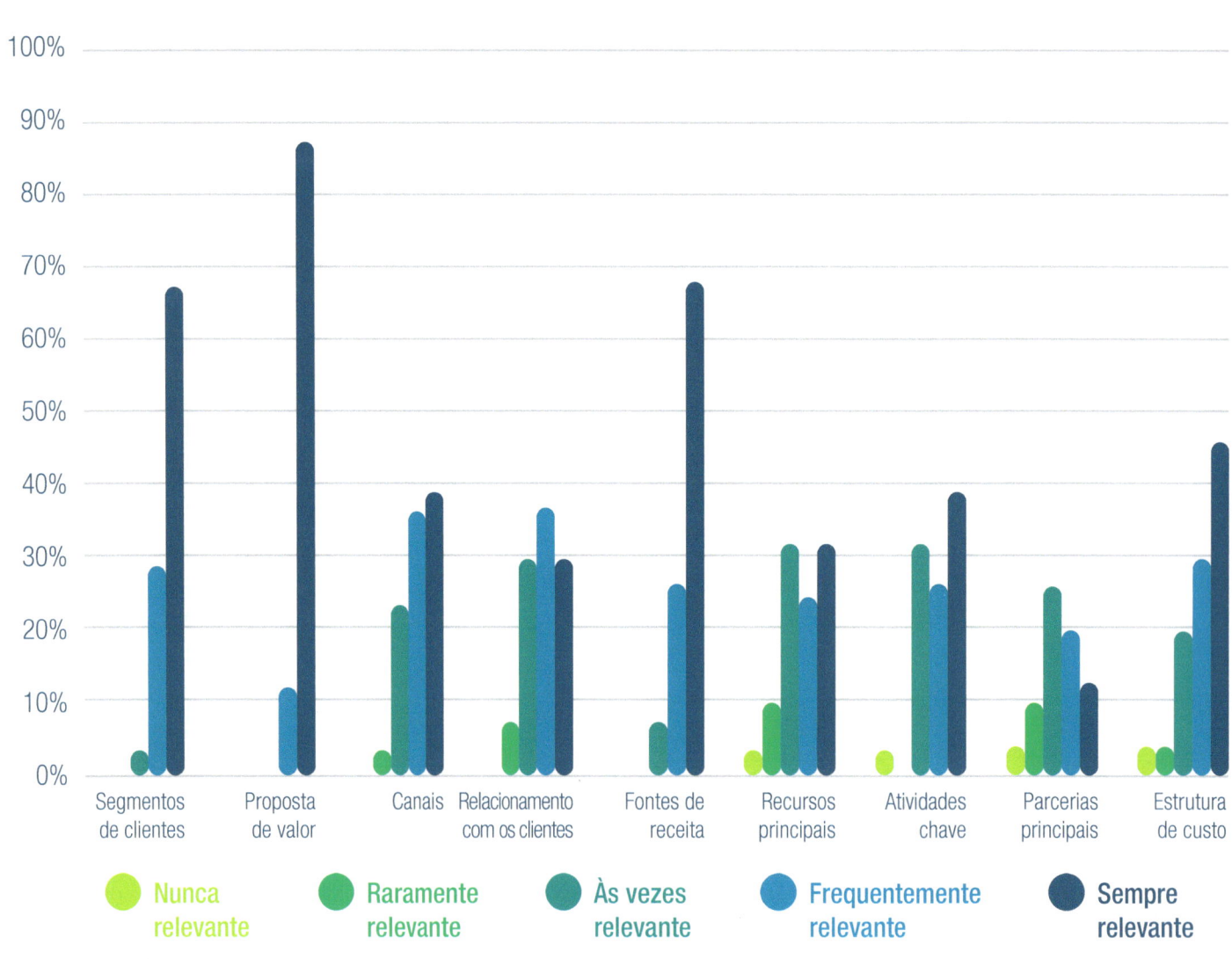

7. PANORAMA GERAL DO ESTUDO

7.16 FREQÜÊNCIA E OBRIGAÇÃO QUE REQUER O ENVIO DO PLANO DE NEGÓCIO OU BUSINESS MODEL CANVAS

A maioria das aceleradoras, 51,6% da amostra pesquisada, não solicita o Plano de Negócio com freqüência, tampouco consideram o envio do plano obrigatório. Os demais 48,4% consideram requerer o envio do Plano de Negócio, sendo que deste 25,8% freqüentemente requerem e 22,6% raramente requerem, mas ainda assim o envio do Plano de Negócio não é considerado obrigatório. Um ponto de destaque é que nenhuma aceleradora considera obrigatório o envio do Plano de Negócio como parte do processo de seleção de Startups.

Por outro lado, 32,3% das aceleradoras não solicitam com freqüência o Business Model Canvas e também não consideram o envio obrigatório. Os demais 67,7% consideram requerer o envio do Business Model Canvas. Sendo que a maior parte das aceleradoras, que corresponde a 35,5% da amostra, freqüentemente requerem o Business Model Canvas e 6,5% das aceleradoras raramente requerem o Business Model Canvas. Para os dois últimos casos citados, o envio do Business Model Canvas continua sendo não obrigatório. Um ponto de destaque é que 25,8% das aceleradoras consideram obrigatório o envio do Business Model Canvas como parte do processo de seleção de Startups.

PLANO DE NEGÓCIO

- (22,6%)
- (25,8%)
- (51,6%)

BUSINESS MODEL CANVAS

- (6,5%)
- (35,5%)
- (25,8%)
- (32,3%)

● Sim, sempre requer (obrigatório)
● Sim, raramente requer (não obrigatório)
● Sim, frequentemente requer (não obrigatório)
● Não, nunca requer (não obrigatório)

8. IMPLICAÇÕES E LIMITAÇÕES

8.1 IMPLICAÇÕES ACADÊMICAS

As conclusões apresentadas neste estudo contribuem para o avanço da compreensão do fenômeno do empreendedorismo inovador no Brasil, uma vez que existem poucos estudos disponíveis sobre aceleradoras de Startups.

Desta forma, entende-se que os resultados apresentados podem servir de inspiração para outras pesquisas e publicações.

8.2 IMPLICAÇÕES GERENCIAIS

Para a área organizacional, as evidências coletadas e o embasamento teórico poderão ser úteis para empresas que precisam estruturar novos negócios ou desenvolver soluções inovadoras.

8.3 LIMITAÇÕES DO ESTUDO

O presente estudo apresenta limitações inerentes à natureza da pesquisa realizada, as quais podem ser supridas por estudos futuros. A primeira limitação é que este estudo considerou somente as aceleradoras de Startups, dentro de todo o universo presente no ecossistema empreendedor brasileiro, não incluindo incubadoras nem aceleradoras corporativas, que começam a crescer em número no território nacional.

Da mesma forma, esta pesquisa ateve-se a análise de duas ferramentas populares no desenvolvimento de novos negócios, o Plano de Negócio e o Business Model Canvas, deixando de explorar outras ferramentas ou conceitos com mais profundidade.

8.4 PESQUISAS FUTURAS

Como sugestão de pesquisas futuras, salienta-se a necessidade de estudos comparativos com outras ferramentas ou conceitos, como por exemplo, Design Thinking, Customer Development, Effectuation, TRIZ ou Lean Startup, uma vez que estas foram destacadas na análise dos dados obtidos e por apresentar características e peculiaridade distintas.

Além disso, sugere-se a expansão deste estudo para outras empresas ou agentes do ecossistema empreendedor, de forma a identificar semelhanças e necessidades diferentes. Por fim, sugere-se a realização de estudos levando-se em conta variáveis econômicas ou outros indicadores que maximizem o entendimento em relação ao tema dentro do contexto socioeconômico brasileiro.

9. REFERÊNCIAS

ABRAMS, Rhonda M. **The successful business plan:** secrets & strategies. 4th ed. Palo Alto: Planning Shop, c2003.

BARON, Robert Alex. **Empreendedorismo:** uma visão do processo. São Paulo: Cengage Learning, 2011.

CAMPOS, Newton M. **The myth of the idea: and the upsidedown startup.** Charleston, SC: Createspace, c2015.

CECCONELLO, Antonio Renato. **A construção do plano de negócio:** percurso metodológico. São Paulo: Saraiva, 2008.

CHIAVENATO, Idalberto. **Empreendedorismo:** dando asas ao espírito empreendedor. 4. ed. São Paulo: Manole, 2012.

COHEN, Susan. **What Do Accelerators Do?** Insights from Incubators and Angels, 2013.

DEUTSCHER, Jose Arnaldo. **Plano de negócios.** Rio de Janeiro: FGV, 2012.

DORNELAS, José Carlos Assis. **Criação de novos negócios:** empreendedorismo para o século 21. São Paulo: Elsevier, 2010.

MASON, Colin; BROWN, Ross; **Entrepreneurial Ecosystems and Growth Oriented Entrepreneurship**, 2014.

NAKAGAWA, Marcelo; **Plano de Negócio Sim ou Não** - disponível em: <http://revistapegn.globo.com/Colunistas/Marcelo-Nakagawa/noticia/2015/07/plano-de-negocio-sim-ou-nao.html>. Acesso em: 22.12.2015.

OSTERWALDER, Alexander; PIGNEUR, Yves; CLARK, Tim. **Business model generation:** inovação em modelos de negócios: um manual para visionários, inovadores e revolucionários. Rio de Janeiro: Alta Books, c2011.

9. REFERÊNCIAS

PAUWELS, Charlotte; CLARYSSE, Bart; WRIGHT, Mike; HOVE, Jonas Van, **Understanding a new generation incubation model: The accelerator**, 2014.

PROGRAMA DE ACELERAÇÃO DE EMPRESAS - ABRAII - disponível em: <http://abraii.org/>. Acesso em: 22.02.2016.

RATINHO, Tiago; **Are they helping?** An Examination of Business Incubators' Impact on Tenant Firms, 2011.

RIES, Eric. **A startup enxuta**: como os empreendedores atuais utilizam a inovação continua para criar empresas extremamente bem-sucedidas. São Paulo: Leya, c2012.

RODRIGUEZ, Julian Andres Herman. **Start-up Development in Latin America:** The Role of Venture Accelerators, 2015.

Seed-DB- **Banco de Dados de Aceleradoras e suas Empresas** - disponível em: <http://www.seed-db.com/accelerators>. Acesso em: 22.02.2016.

www.ingramcontent.com/pod-product-compliance
Lightning Source LLC
Chambersburg PA
CBHW050904180526
45159CB00007B/2783